찰방찰방 똥바다 건너

장종권 시인은 전북 김제에서 출생했다. 성균관대학교 국어국문학과 대학원에서 석사학위를 받았으며, 1985년 김구용 시인의 추천을 받아 ≪현대시학≫으로 등단했다. 시집에 『누군가 나의 방문을 두드리고 갔습니다』, 『가끔가끔 묻고 싶은 말』, 『아산호 가는 길』, 『꽃이 그냥 꽃인 날에』, 『개나리꽃이 피었습니다』, 『호박꽃나라』, 『전설은 주문이다』, 『함석지붕 집 똥개』, 시선집으로 『오늘이라는 낙원』이 있으며, 창작집에 『자장암의 금개구리』, 장편소설에 『순애』(전2권)가 있다. 그 외 4인시소설집 『3막 7장』과 세계명시선 『너를 위해 내 사랑아』(2인 공저)가 있다. 인천문학상, 성균문학상, 수원문학상, 미네르바문학상을 수상했으며, 2001년 계간 ≪리토피아≫를 창간하였다. 2008년 사단법인 문화예술소통연구소를 설립하여 현재 이사장직을 맡고 있다.

e메일 : myhanbando@hanmail.net

리토피아포에지・147
찰방찰방 똥바다 건너

인쇄 2023. 6. 25 발행 2023. 6. 30
지은이 장종권 펴낸이 정기옥
펴낸곳 리토피아
출판등록 2006. 6. 15. 제2006-12호
주소 21315 인천시 부평구 평천로255번길 13, 903호
전화 032-883-5356 전송032-891-5356
홈페이지 www.litopia21.com 전자우편 litopia@hanmail.net

ISBN-978-89-6412-183-2 03810
값 14,000원

* 본 도서는 인천광역시 와 인천문화재단의 후원을 받아 '2023 예술창작지원사업'으로 선정되어 발간되었습니다.

장종권 시집

찰방찰방 똥바다 건너

LITERATURE & UTOPIA

시인의 말

앞서간다는 말의 오류를 읽는다.
발전한다는 말의 허구를 읽는다.
거짓투성이 역사를 읽으며, 무모한 전위를 꿈꾸며,
비겁한 자존이 망가지는 유령들의 도시에서,
답이 없는 현실을 읽어본다.

어떻게 된들, 어디로 굴러간들,
굴러간 돌들이야 천만년을 남아있겠지만,
피가 흐르는 가짜들은 화석에도 존재하기 힘들다.
살아 있는 것들의 겁 없는 희망은 무엇일까.
그것은 과연 위대한 것일까.

숨 쉰다는 것이 정말 자랑스러운 것일까.
숨 쉬지 않아도 자랑스럽게 남아있을 수 있을까.
허망한 희망을 시든 꽃처럼 꺾으며,
오늘도 살아있다 하니 그저 간다.

2023년 5월
장 종 권

차례

제1부

제2부

제3부

제4부

| 제1부 |

똥섬 여행

똥섬에 가서 참똥을 누고 싶다는 그이랑 똥차를 탄다.
삼목선착장으로 가서 통통거리는 똥배 타고 똥섬 간다.
찰방찰방 똥바다 건너서 섬섬거리는 똥섬을 찾아간다.

그이의 똥은 참똥일까 아니면 개똥일까.
그의 똥내는 참기름맛일까 개기름맛일까.
나도 그이와 함께 참똥을 눌 수는 있을까.

가릉가릉 똥바다 건너며 꾸물꾸물 배가 간지러워 온다.
그의 똥이 신비로울 것 같아 그의 똥내는 향기로울 것 같아.
그와 함께 똥바다 건너 건너서 똥섬으로 똥 누러 간다.

똥도 안 누는 도시를 떠나 똥도 못누는 사람들을 떠나,
똥배를 타고 통통통 똥똥똥 똥섬 찾아 똥 누러 간다.

가을의 끝

감나무 마지막 남은 홍시에 어린애 주둥이가 매달려 있다.
다 큰 남정네가 제가 먼저 먹으려고 어린아이를 밀친다.

어린아이 주둥이 떼이더니 으아앙 울음보 터뜨린다 허얼,
바람이 지켜보며 혀 끌끌 차다 다 큰 남자 귀싸대기 갈긴다.

서릿발이 서리서리한 가을의 끝이다.

지붕에 올라간 닭

개가 닭의 뒤를 쫓아다닌다 개는 닭을 뒤쫓는 게 재미있다.
닭이란 놈은 어디든 들어가서 발자국 남겨놓고 똥을 눈다.
하지만 개는 닭의 이런 점 때문에 쫓아다니는 것은 아니다.

그저 재미있어서다 닭으로서는 참말 어이가 없는 일이다.
개새끼의 밥 한 톨 빼앗아 먹거나 훔쳐 먹은 일이 없었다.
오히려 방심하다가 발목을 물리거나 목을 물리곤 했다.

저건 미친개야 닭이 지붕 위로 올라간 것은 그다음이다.
어디 쫓아와 봐라 개가 멀뚱멀뚱 지붕 위 닭을 쳐다본다.
개는 개끼리 놀아라 그건 또 힘들겠지 너는 약질이니까.

하릴없는 개를 향해 고소한 닭님 목청껏 꼬끼요를 외친다.

꽁지 사린 개 꽁지 들 날 있다

항상 꽁지를 사타구니에 집어넣고 다니는 개가 있었다.
귀바퀴는 추욱 처져서 아예 귀를 덮어버릴 지경이었다.

주인이 옆에 있는 순간에는 약간 당당해지기도 하였다.
허나 주인마저 비실이어서 도움 받기는 애시당초 글렀다.

아장아장 걷는 갓난아이조차 맘대로 발길질하기 일쑤였다.
누구 집 강아지새끼는 드러내놓고 으르렁거리기도 했다.

눈은 뜬 건지 감은 건지 알 수 없으나 밥그릇은 잘도 찾았다.
그러나 암캐를 만나기는 비 오는 날 별 보기보다 어려웠다.

염천 하의 복날에도 겨우 살아남은 이유가 있기는 하였다.
잡아먹었다가는 힘이 더 빠질 것 같다는 불안 때문이었다.

그해 삼복이 지나자 꽁지 팔락대던 놈들은 다 사라지고,
이빨 드러내 으르렁거리던 놈들도 모조리 사라진 뒤였다.

〉

가만히 보니까 더이상 꽁지 사리고 다닐 일이 아니었다.
어랍쇼, 개는 이제 나 혼자네 동네 닭들 다 몰고 다닌다.

문명은 똥찌꺼기

일억년 후 지구문명은 똥찌꺼기 냄새 풍기면서 발굴된다.
지구 정복자들은 야만적 지구인의 흔적에 혀를 차게 된다.

꼭 문명이라 해야 하나 지구문명은 골동품도 되지 못한다.
본받을 것 하나 없어 열어서는 안 되는 오염원일 뿐이다.

지구문명을 도려 버릴라치면 우주마저 오염시킬까 두렵다.
지구에서 멸종된 것들은 애초 지구에 살아서는 안되었다.

과거도 사라졌고 미래도 보이지 않고 썩은 지구뿐이다.
그렇지만 아직 태양도 달도 별도 건강하게 뜨고는 있다.

그녀는 동굴

스스로 동굴 속으로 걸어 들어간 어린 여자아이 있었다.
그 후로 아무리 어둠을 마셔도 더이상 나이를 먹지 않았다.

동굴 속의 소녀는 독한 어둠에 그녀의 꿈을 섞어 마셨다.
어둠에 버무려진 꿈만 먹어도 다시는 배가 고프지 않았다.

소녀는 어두운 동굴 속에서 어둠을 말아먹으며 행복했다.
행복하다고 믿었다 너무 행복해서 갈수록 더 어두워졌다.

스스로 천길 동굴이 되고 어둠이 되어 홀로 춤을 추었다.
어두운 춤들은 산산이 흩어져 아름다운 별꽃들을 낳았다.

그녀가 삼킨 어두움 속에서 그녀는 별들의 어머니가 되었다.

악당들의 세상

악당은 말하는 것도 악당이고 생각하는 것도 악당이다.
걷는 것도 노는 것도 모조리 다 악당스러워야 악당답다.

하늘을 장대로 들어올리면 비처럼 악당들이 쏟아져 내린다.
숲을 가볍게 휘젓기만 해도 꽃처럼 악당들이 흩어져 날린다.

이 땅에 악당이 아니면 천사가 살겠냐 선녀가 살고 있겠냐.
악당은 아들도 없고 딸도 없고 어머니도 없고 아버지도 없다.

악당 어머니가 낳은 악당 새끼들로 세상은 요지경이다.
천사가 낳은 악당 선녀가 낳은 악당은 아직 없다 없었다.

벽화 속에서 걸어나온 썩은 소

만년동굴 속에서 만년과 싸우던 소가 성큼 걸어 나왔다.
만 년의 소가 반만 년의 소를 이기고 우렁차게도 운다.
만 년의 소 만년만에 나와 우는 소리 모조리 썩어있다.

만년의 썩은 소리를 들으며 사람들은 신비경에 빠진다.
어차피 썩을 소리들이 이미 썩은 소리를 즐기는 것이다.
썩은 세상에 피는 썩은 꽃들이 썩은 향기를 흉내 낸다.

만년 소가 쟁기질한 논두렁에는 하얀 뱀들이 누워있다.
만년 동굴 속에는 아직도 만년 소의 썩은 소리들이 있고,
헛것이 덮은 세상의 헛된 욕망들이 헛된 허물을 벗는다.

썩은 소리 썩을 소리 홀라당 벗고 썩은 냄새로 우주를 연다.
어차피 알 수 없는 썩은 우주는 썩기 전에 묻어버리자.
썩은 만년 소가 썩은 냄새 풍기는 썩은 세상도 묻어버리자.

그녀의 핸드폰·2

보아뱀 뱃속에서 핸드폰이 울렸어 구경꾼들이 늘어갔지.
핸드폰 소리만 나면 보아뱀은 기분 좋은 잠에 빠지곤 해.

왜 보아뱀 뱃속에서 핸드폰이 울릴까 보니 사실은 이랬어.
핸드폰의 주인인 그녀는 보아뱀을 주물럭거리는 사육사야.

보아뱀의 긴 혀와 악수하고 보아뱀에 감기기를 좋아해.
따로 노는 보아뱀의 긴 꼬리를 붙잡고 희롱하기도 하지.

보아뱀의 눈빛은 맑아서 천사의 눈보다 착하게 보이지.
그러나 먹이를 무는 순간 제가 죽기 전에는 내뱉을 수 없어.

그녀는 보아뱀이 너무 좋아 보아뱀 입속에서 놀고는 했어.
보아뱀이 침을 삼키는 순간 목구멍 속으로 넘어간 거야.

보아뱀 뱃속 그녀의 호주머니에서 핸드폰이 울리고 있어.
그녀는 전화를 받을 수 있어 웬일이야 순식간에 날 삼켰어.

신기하군 이곳이야말로 화려하기 짝이 없는 도원경이네.
땅을 여는 소리 물이 흐르는 소리 거기로부터 들려오네.

조상님도 아신다

나 죽으면 어머니 만나고 싶다 어머니만 만나고 싶겠냐.
할머니도 만나고 싶다 증조 고조할머니도 만나고 싶다.

그 먼저 할머니도 그 먼저먼저먼저 할머니도 만나고 싶다.
얼굴도 모르는 할머니 할머니 할머니 찾아찾아 올라가자.

그러다 보면 누군지도 모르는 시조님도 만날 수 있겠다.
그분들 만나 도대체 무슨 얘기를 한다냐 알아는 들으실까.

죄 많이 짓고 가셨으니 죄 짓고 왔다 혼내진 않으실 것이다.
잘 살고 왔다시거나 쓸데없이 고생만 하고 왔다 하시겠지.

머리 들고 머리칼 쓰다듬으며 눈 감고도 당당하게 산다.
꼬리 내리다가 들기도 하고 꼬리 깨물다가 만지기도 한다.

동네 공동 똥통

함석집 토담 밑으로 동네사람 쓰는 공동똥통이 있었지.
입구에는 가마니때기 한 장 덜렁 매달려 있을 뿐이었어.

급할 때는 누구나 얼른 들어가 바지끈을 끌를 수 있었지.
우리는 똥통에 도깨비 산다는 소문 있어 접근도 못했는데,

옆에는 하늘까지 닿는 팽나무가 천년 전부터 서있었거든,
낮에는 새들조차 울지 못했지 밤에는 도깨비만 노래했어.

지금은 그 도깨비들 다 어디로 이사 가고 없다 하더만,
이제 맘껏 들락거려도 되는 동무들은 어디에 살고 있을까.

물고기는 사람말을 모른다

수족관 앞에서 여자와 아이가 신이 났다.

저놈이 통통하긴 한데 생기가 없어 보여.
저놈은 아직 덜 컸나 봐 먹을 게 없잖아.
저놈이 맛있을 것 같아보여 엄마는 어때.

네 말이 맞다 아들아 우리 저놈 잡아먹자.

화룡점정

마지막 눈을 잘 만들어 넣으면 그림 속의 용도 살아난단다.
용만 살아나겠냐 뱀도 살아난단다 지렁이도 살아난단다.

눈만 잘 만들어 넣으면 삼라만상이 몽땅 살아나게 되고,
눈 하나 제대로 넣지 못하면 평생을 지지리 궁상이란다.

버젓이 눈 뜨고도 마지막 눈을 그려넣지 못하고서는,
해는 뜬다고 해인 척하네 밤은 어둡다고 밤인 척하네.

우물 안 개구리

우물 안 개구리가 처음부터 우물 안에 있었던 건 아니야.
어느 날 우물 속에 빠진 것일 뿐 바깥세상을 모르지 않아.

안 본 것은 꿈속에도 안 보여 상상 속에도 보이지 않아.
그래도 우물 안 개구리 우물 속에서 끝내 벗어나지 못하지.

결국 우물 안에서 죽게 되지 아무리 뛰어봐도 어림없지.
하늘은 동전만 한 크기에서 자라지 않아 변하지를 않아.

하지만 우물 안 개구리는 우물 안에서 살아도 괜찮아.
인생이 별거더냐 스스로 편안하면 그게 바로 내집이지.

스스로 갇혀 마셔도 그게 달면 사시사철 꿀통이지뭐야.
달디단 꿀물 마시며 평생 행복하기도 하지 누가 무어래.

똥개 · 1

똥개들이 사랑스러웠던 삼천리 금수강산도 있었다. 워낙 똥만 보면 핥아대는 바람에 붙여진 이름이다. 마당이든 토방이든 뒷곁이든 아이가 똥을 누어두면, 들일 나간 어머니 오시기 전에 똥개가 벌써 치웠지. 똥을 핥은 주둥이로 다시 아이의 볼을 핥아주고, 아이는 하루종일 똥개가 놀아주어 심심치 않았지.

해가 지나 아이 초등학교에 들어가면 그 똥개, 십리 길도 마다 않고 학교까지 배웅하고 마중했지. 아이가 교실에서 기역니은 가나다라를 배우는 동안, 똥개는 들판에서 개구리와 놀고 잠자리와 놀았지. 다른 똥개들과 놀기도 하다가 쫓기기도 하다가, 학교종이 땡땡땡 울리자마자 교문으로 달리곤 했지.

그해 겨울 아버지를 따라나선 똥개는 아주 사라지고, 아이는 암것도 모르고 겨우내 맛있는 고기를 먹었던 거야.

똥개 · 2

함박눈 쏟아진 겨울밤 들판은 달이 없어도 밝았다. 함박눈은 계속 쏟아지다가 눈보라가 되기도 했다.

싸이나*를 먹은 오리들이 들판에 떨어지곤 했는데, 아버지는 밤새도록 똥개를 데리고 들판을 뒤졌다.

똥개는 늘 아버지보다 먼저 오리를 발견하곤 했지. 멍멍멍 짖어대다가 꼬리를 흔들다가 빙빙 돌았지.

해마다 해마다 해마다 똥개는 얼굴이 바뀌었으나, 아이가 부르는 이름은 언제나 똥개 똥개 똥개였어.

* 싸이나: 시안화(사이안화)의 일본식 발음. 청산가리. 청산칼륨. 벼 이삭에 매달아 논바닥에 깔아두면 새들이 내려앉아 쪼아먹을 때 따라 들어가는 극약.

똥개 · 3

에미똥개가 사라지고 나면 다시 새끼똥개가 자랐다. 잔칫날 에미돼지가 사라지면 새끼돼지가 자라듯이, 암탉이 사라지면 병아리들이 다시 마당을 채우듯이.

에미똥개 냄새 가득한 마당에서 토방에서 마루 밑에서, 새끼똥개는 그것도 에미의 보우하심이라 마냥 즐거웠다. 더욱 건강해지고 더 성장한 주인아들과도 변함없이.

마당을 빙빙 돌고 마루 위에 팔짝 뛰어오르기도 했다. 복날이 다가와도 다 자란 똥개는 전혀 두렵지 않았다. 복날은 복날이야 그야말로 복이 터지는 날이지 안 그런가.

똥개 · 4

죽을 때 죽더라도 충성해야 한다. 밥을 먹고 잠을 자려면 다른 도리가 없다. 아무리 채이고 두드려 맞아도 달아나서는 안 된다. 잡아먹히더라도 참아야 한다 때를 기다려야 한다.

탈 없이 자손 번창하여 숫자를 늘려야 한다. 그때에는 무슨 수든 쓸 수가 있을 것이다. 그날이 오기만 하면 모조리 우리들의 것이 되고, 인간들도 별수 없이 우리를 따르게 될 것이다.

그때엔 우리도 가만히 앉아 저들의 시중을 받고, 배가 고프면 언제든 배를 채울 수도 있을 것이다. 고된 훈련도 이겨내야 하고 어떤 수모도 견뎌야 하고, 복날도 모른 척해야 한다.

애들아, 아직은 멍멍멍 짖기만 하여라 그것이면 된다.

똥개 · 5

강아지들의 나라가 있다면 그 나라는 차암 좋겠다.
맘대로 떠들고 맘대로 짖어대고 맘대로 꼬리 치고,
좋으면 끼리끼리 해 먹고 싫으면 죽어라 물어뜯고,

강아지들의 나라가 있다면 그 나라는 차암 쉽겠다.
아무리 더러워도 이쁜 짓만 하면 배를 곯지 않겠지.
똥오줌만 가릴 줄 알면 침대에도 올라갈 수 있겠지.

똥개 · 6

개들도 핸드폰을 들고 다닌다.
목말라도 누르고 배고파도 누른다.
무서워도 누르고 심심해도 누른다.

멍, 하면 이런 뜻이고,
멍멍, 하면 저런 뜻이고,
멍멍멍, 하면 그런 뜻이다.

사람끼리는 잘 통하지 않는다.
개와는 아주 잘 통한다.
대단히 성숙한 사회다.

| 제2부 |

호토전 · 18

어린 토끼들이 1박2일 여행을 가기로 했다. 원로 토끼들이 말렸으나 어린 토끼들은 듣지 않았다. 착한 새끼호랑이가 동행하기로 했거든요. 우리를 잘 돌봐줄 거예요.

어린 토끼들이 새끼호랑이를 따라 여행을 떠난 뒤 원로 토끼들이 부산스럽게 어른 호랑이를 찾아갔다. 토끼들이 여행지로 출발했습니다. 호랑이 즐거운 소풍 되세요.

호토전 · 19

몇 십 평 자운영 꽃밭은 토끼들의 천국이었다.
누군가 울타리 치고 지켜보아도 상관이 없었다.
언제 어떻게 죽느냐는 토끼들의 숙제가 아니었다.

달빛을 타고 선녀는 언제나 이 땅에 내려왔다.
바람을 타고 신들의 노래는 끊임없이 들려왔다.
문득 토끼들이 일시에 사라져도 그치지 않았다.

토끼들이 있어 아름다운 꽃밭은 늘 봄이고 여름이었다.
토끼들이 사라지고 나서도 꽃밭은 늘 봄이고 여름이었다.
늘 봄이고 여름인 꽃밭은 토끼들만의 천국은 아니었다.

토끼들이 호랑이를 극복할 수 있느냐는 문제로 고민했다.
신들이 황당하여 코웃음을 쳤다 그게 가당한 일이냐.
토끼들은 신들이 언제나 제 편인 줄로 착각하고 살았다.

토끼들의 리더는 신이 토끼와 같은 종족이라 믿었다.
호랑이들의 리더도 신이 호랑이와 같은 종족이라 믿었다.

신들은 어리숙해서 토끼와 호랑이를 구분하지 못했다.

신들이 합의하여 아름다운 자운영꽃밭을 만들 때에는,
토끼들 호랑이들 굳이 어느 쪽만을 위해서는 아니었다.
피어라 만개하라 살아라 뛰어라 죽는 날까지는 행복하여라.

호토전 · 20

토끼 중 최강자도 항상 자신감이 넘치는 리더였다.
자기보다 더 강한 자는 없다 하고 호기가 넘쳐났다.
호랑이새끼 앞발 한 번 들자 기절한 것은 그 이후다.

호토전 · 21

토끼들도 언어가 있을 것이다. 그래서 떼지어 살고 있다.
아니면 죽기 전에는 무어라 한마디 하기도 할 것이다.
먹을 줄만 아는 입이라고 함부로 무시할 일은 아니다.

호토전 · 22

토끼의 간밤 꿈에 호랑이가 나타났다. 느닷없이 나타난 호랑이가 꿈에도 무서웠다. 죽자사자 달아났는데 신기하게도 도망이 가능했다. 토끼는 아침 일찍 일어나 가슴을 쓸어내렸다.

호랑이를 피해 달아날 수 있는 것은 꿈속에서뿐이다. 현실에서는 백발백중 잡아먹힌다. 토끼는 호랑이 우리를 열지 않아 주기를 신께 빌었다. 열기만 하면 아마 당신부터 잡아먹을걸.

호토전 · 23

호랑이나라에서는 제 땅을 토끼 모양으로 그렸다.
토끼나라에서는 제 땅을 호랑이 모양으로 그렸다.
꿈을 꾸는 대로 되는 놈이 있고 안되는 놈도 있다.

호토전 · 24

토끼들이 여러 모로 살아남을 방도를 구했다. 집안의 호랑이가 무서워 집 밖의 호랑이를 찾아갔다. 집 밖의 호랑이 쩝쩝 입맛을 다시며 고개를 끄덕였다.

집안 호랑이 열 마리에 집 밖 호랑이 스무 마리가 더해졌다. 호랑이들 발자국 소리로 인해 토끼들은 잠을 이룰 수가 없었다. 자운영 동산은 쑥대밭이 되어갔다.

간을 빼놓고 용궁으로 들어간 토끼, 거북이에게 짐짓 승리를 안겨준 토끼, 새 보금자리 찾아 달나라로 이사 간 토끼, 모두 한자리에 모여 머리를 맞대었다.

자운영 동산을 가시밭으로 만들면 호랑이도 별 볼 일 없다. 옳거니, 그런데 우리는 어찌 살아야 하나. 간 빼놓고 용궁으로 가자. 절굿대 들고 달나라로 가자.

그중 한 마리가 지하로 들어갔다. 종족 개량을 해야 해. 호랑이보다 더 크면 될 거 아냐. 신들이 노해도 어쩔 수 없어. 우리는 살아남아야 해. 강력한 호토虎兎가 되자.

호토전 · 25

호랑이들은 어디를 가도 막는 이가 없다. 어디에다 볼일을 봐도 뭐라 하는 이가 없다. 어떤 동물을 잡아먹어도 잔인하다 하지 않는다. 호랑이가 어슬렁거리면 피하는 게 상수다.

토끼는 어디를 가도 제지를 받는다. 아무 데나 볼일을 봤다간 큰일이 난다. 아무거나 뜯어 먹었다가는 얻어터지기 십상이다. 토끼가 어슬렁거리면 일찌감치 배가 부르다.

어쩌란 말이냐. 이빨도 발톱도 몸집도 태생이 그런 것을.

호토전 · 26

호랑이나라에 왕호랑이가 있었다. 토끼 잡아먹는 걸 머뭇거리는 호랑이에게 호랑이나라에는 법이 없어, 있어도 아무도 안 봐.

토끼나라에 왕토끼가 있었다. 호랑이에게 토끼 잡아 바치는 토끼들에게 토끼나라 법이 법이냐, 없는 듯이 편하게들 사시라.

호랑이나라에 토끼나라 2중대는 없어도 토끼나라에 호랑이나라 2중대는 있었다. 이 2중대는 토끼나라 왕도 어찌 하지 못했다. 나는 맛 없는 토끼야 다들 알고는 있으리라.

호랑이나라 왕호랑이는 거짓말을 못한다. 눈 딱 감고 그냥 드셔들, 안 먹으면 너만 배 곯아. 먹어도먹어도 숫자가 줄지 않는 것이 토끼나라야. 고마운 일이지.

호토전 · 27

호랑이나라에는 꽃은 보이지 않아도 열매는 천지다.
토끼나라에는 꽃은 천지이나 열매는 열리지 않는다.
열매는 우리에게 안맞아 토끼들은 꽃만 좋아해도 돼.

호토전 · 28

또 태어나도 다시는 죽지 말거라.
다시는 신에게 기도하지 말거라.
다시는 지구로 소풍 가지 말거라.

호토전 · 29

토끼들이 호랑이에게 왕을 맡겼다. 토끼들 중에는 왕을 할 만한 이가 없어서였다. 호랑이가 왕이 되고부터 밤새 토끼들이 사라지기 시작했다. 범인은 호랑이라는 것을 곧 알게 되었지만 손을 쓸 수는 없었다. 토끼나라 만세냐 호랑이나라 만세냐 이래도 죽고 저래도 죽는 토끼나라가 예 있다.

호토전 · 30

토끼 나라에도 호랑이 후손이 있었다. 어쩌다 토끼의 피가 섞여 토끼 구덩이에 떨어졌다. 그래도 바탕은 호랑이인지라 수시로 어흥거렸다.

어흥거릴 때마다 이 발에 차이고 저 발에 밟혔다. 저것이 호랑이 흉내를 내고 있네, 잡것. 밤새 고함 지르다가 속이 터져 자진했다.

호랑이 나라에도 토끼 후손이 있었다. 어쩌다 호랑이 피를 받아 호랑이 나라에 살고 있었다. 그래도 바탕은 토끼인지라 어흥 소리만 들어도 벌벌 떨었다.

후식으로 들어오는 토끼들을 보면 눈물이 났다. 저 무서운 발톱과 이빨들을 어이 하나. 한밤중 제집 불사르고 스스로 목숨을 끊었다.

아리고 아린 아리랑고개, 쓰리고 쓰린 쓰리랑고개.

호토전 · 31

토끼나라에 뜬금없이 트롯 열풍이 불었다.
호랑이들 듣기에도 별로 불편함이 없었다.
트롯을 잘 부르는 동안에는 살 수 있으니,
너도나도 트롯 부르느라 토끼나라 난리다.

아리고 아린 아리랑고개.

생각해 보니 호랑이시대에도 그랬던 거 같다.
말 한마디 잘못해도 밤사이 죽는 수 있었으니,
실없고 뼈 없는 유행가나 부를 수밖에 없었다.
하필이면 트롯이구나 착한 토끼나라 백성들아.

쓰리고 쓰린 쓰리랑고개.

폐묵廢墨 · 1
—페이스북

무슨 생각을 하고 계신가요? 묻고 있지만 저놈은 아무 생각도 없는 놈이다. 그저 눈 감고 총만 쏘아댄다. 퍽도 재미가 있을 것이다. 그 총알에 어떤 꽃이 떨어지든 알 게 무어냐? 방아쇠는 당겼으나 총알이 가는 길은 나와는 전혀 상관이 없다.

무슨 생각을 하고 계신가요? 무엇을 생각하는 중인데, 그 무엇이 무엇인지 또 생각하라 한다. 생각이 생각을 생각하니 쌩쇼다. 그런데 그놈의 생각이라는 것이 대부분 그렇고 그렇다. 그러니 생각을 적으려면 다소간 위장하게 되고 색칠이 될 수밖에 없다.

무슨 생각을 하고 계신가요? 전쟁이 터지면 우리 식구들은 어찌 되나 생각하고 있다. 세금이 오르고, 금리가 오르고, 생필품 가격이 오르면 어떻게 견디나 생각하고 있다. 성인군자가 되는 방법을 생각한 적은 없다. 보살이 되고 선지자가 되는 법도 생각한 적은 없다.

폐묵廢墨 · 2

―페이스북

자랑하고 과시하는 곳이거나 위장하고 색칠하는 곳이다.
반성하고 단련하는 곳이거나 파악하여 알아가는 곳이다.
심심할 때 열어 보는 곳이거나 막말로 스트레스 푸는 곳이다.
친구를 사귀는 곳이거나 답도 없는 넋두리 나누는 곳이다.
아픔을 나누기도 하고 어깨 토닥이며 울어주는 곳이다.
남의 생활 훔쳐보는 곳이거나 남의 생각 읽어보는 곳이다.
이유가 무에 있겠나 남이 하니까 덩달아 하는 곳이든가.
뙤놈이 돈 챙겨가는 동안에도 곰은 열심히 재주 부리고,
구경꾼들이 하 재미있어하니 밤낮으로 폴짝폴짝 뛰다가,
저도 모르고 죽는 곰들의 공동묘지 글쎄, 누가 알겠나.

초딩정치 · 1
—재탕 영화

칼잽이들의 무자비한 살육에 신이 나기도 한다.
온갖 비명이 피범벅이 되도록 눈과 귀로 덤빈다.

유독 흡연 장면만 뭉개어 돈 들인 영상을 망친다.
심심풀이 폭력영화를 보다가 실실실 웃어야 한다.

초딩정치 · 2
—환타지 영화

초능력을 가진 사람들이 차고 때리고 업어치고 한다.
아무리 때려도 아무리 내동댕이쳐도 다치지 않는다.

그래도 진짜처럼 끝까지 차고 때리고 업어치고 한다.
극 중 인물이 아픈 것이 아니라 보는 내가 찢어진다.

그러라고 저리 일 년 삼백육십오 일 때리고 엎는다.
나도 찢어지다가찢어지다가 마침내 초능력자가 된다.

성냥 기다리는 이

벽장 속에 버려두었던 등잔을 꺼내 심지 끝을 다듬는다.
석유 채워 등잔대에 앉히며 누구 성냥 가진 분 없소 묻는다.
이 집 저 집 둘러보아도 성냥 사라진 지 이미 백년이다.

골짜기 건너 사는 이가 어둠 속에 산다는 소문이 있다.
밤길을 뚫고 찾아가니 그도 홀로 등잔 앞에 쪼그리고 있다.
옷고름 끝에 보일 듯 말 듯 달랑거리는 비수도 녹이 슬었다.

누구 등잔불 밝혀주기를 고대하고 있다.
스위치만 누르면 대낮같이 밝은 동네다.
불 꺼진 두엇만 성냥 든 사람 기다린다.

소래습지

비릿한 바람이 돌지 않는 풍차를 돌리려고 애를 쓰고,
소금기 사라진 바닷물이 돌지 않는 수차를 건드린다.

소금기 없는 염전바닥에서 괭이갈매기가 볼일을 본다.

부서진 풍경을 다시 세우느라 세상은 괜스레 분주한데,
허깨비 들고 나는 걸 바라보는 도깨비들 만세 만만세.

| 제3부 |

얼굴 고왔네

—故 이원우 兄께

혼자 곤하게 자던 집에 불이 났다. 강보에 쌓여 있던 그가 자신의 얼굴을 전혀 모르는 까닭이 되었다.

어찌어찌하여 뒤늦게 얻은 자식 기르면서 자나깨나 아들 얼굴만 쳐다보았다. 저것의 얼굴이 내 얼굴이겠지.

그가 떠나 문상을 가니 하나는 사진 속에서 웃고, 하나는 손님 맞으며 울고 있다. 평생 사라진 그의 얼굴을 그제야 보았다.

참으로 고왔다.

만월당 남자

만월당에 가면 풍경소리처럼 그의 노래소리 들을 수 있다.
그의 육십 평생이 만월당 처마끝에 매달려 있기 때문이다.

끝까지 오지 않으려고 발버둥 치는 그의 멱살을 잡고,
그의 어머니 고래고래 소리 지르며 끌고 왔기 때문이다.

머무는 세계 달라도 산 자는 죽은 자에게 끌려다닌다.
그날부터 산 자와 죽은 자는 영원히 한솥밥을 먹게 된다.

만월당에 가면 얼굴 없는 그 남자 풍경소리 더욱 맑아진다.
세상 모든 남자와 여자들은 함부로 떨어질 수 없는 사이다.

구구절절

빛 속에는 빛이 앉아있어 독야청청하고, 어둠 속에는 어둠이 숨어있어 암중모색이다.

빛 속의 빛을 잡으면 손바닥이 빨개지고, 어둠 속의 어둠을 먹으면 이빨이 까매진다.

빨개진 손바닥으로 만지면 만병이 낫고, 까매진 이빨로 말 쏟아내면 구구절절 말씀이다.

빨간 손바닥 속에 어머니의 어머니 살고, 까만 이빨 속에 아버지의 아버지 살고 있다.

올챙이 똥구멍

우물 속에서 태어난 개구리거나, 우물 속에 빠져 한참을 산 개구리거나, 우물 속에서 우물을 사랑해버린 개구리이거나, 우물 밖 세상이 두려운 개구리이거나, 우물 밖 세상이 지겨운 개구리이거나, 그에게 하늘을 물어보라.

앙증맞은 개구리알이거나, 왕방울눈 개구락지이거나, 하늘은 올챙이 똥구멍이지.

백화점에 가는 귀신

홀딱 벗은 귀신은 없다. 귀신도 부끄러워 옷을 입는다. 귀신도 모양을 위해 옷을 갈아입는다. 귀신도 때에 따라 옷을 구해 입는다. 귀신도 시장에 가고, 귀신도 백화점에 간다. 귀신도 귀신다운 화장을 하고, 귀신도 귀신다운 옷을 입고, 귀신도 귀신답게 말하는 법을 배운다. 그래서 귀신답게 나타났다가 귀신답게 사라져야 진짜 귀신이 되기 때문이다.

시계는 저마다 다르다

어떤 집 시계든 예외 없이 바쁘게 간다.

어떤 집 시계는 저벅저벅 가고, 어떤 집 시계는 떠벅떠벅 가고, 어떤 집 시계는 착각착각 가고, 어떤 집 시계는 찰칵찰칵 가고, 어떤 집 시계는 첨벙첨벙 가고, 어떤 집 시계는 철렁철렁 가고, 어떤 집 시계는 차곡차곡 가고, 어떤 집 시계는 조용조용 가고, 어떤 집 시계는 재깍재깍 가고, 어떤 집 시계는 찌걱찌걱 가고,

어떤 집 시계는 속절 없어 안 가기도 한다.

뱀

뱀들은 꼭 허물을 벗어야 산다.
허물 벗고 자라는 것들은 허물을 어머니로 삼는다.
다시 솟아나는 살은 오래 신비로운 어둠에서 산다.

뱀들은 죽어도 다시 뱀이 된다.
기다란 몸뚱아리라야 당연히 혓바닥도 낼름거린다.
죽어 뱀이고 싶은 뱀들은 사실 정신이 나간 것이다.

뱀들은 죽어도 영 죽지 않는다.
동면에서 깨어나는 대로 들과 숲을 온통 해매다가,
다시 어느 구멍으로 파고들어가 천년 만년을 산다.

방주여

드디어 발 없는 소리들이 배를 산으로 끌기 시작한다.
배가 정상에 오르는 순간 비는 삼백예순날 쏟아질 것이다.

배에 오른 사람들만 살아남을 것이다 나머지는 죽는다.
물속에 잠기며 두 손 모아 축하드린다 잘먹고 잘살아라.

꽃이 된 기억

너의 얼굴을 묻어놓은 느티나무를 찾는다. 늙은 느티나무 곁에서는 새싹이 돋더라. 여름내 쑥쑥 자라더니 하얀 꽃이 피더라. 가을이 가기 전에 꽃 송이송이 꺾어다가 나의 빛 좋은 창가 붉은 꽃병에 꽂는다.

너의 기억을 심어둔 길에도 꽃이 피었다. 꽃마다 송이송이 꺾어 꽃바구니 만들었지. 너는 아직도 꽃으로 남아 빛나는구나. 꽃만 남기고 떠난 너는 어디에 살면서 꽃보다 더 희게 더 붉게 피고 있느냐.

고요는 없다 · 1

세상에 고요는 없다.
바람이 살랑 불기만 해도 소리가 있고,
풀벌레 숨을 쉬기만 해도 소리가 있다.
햇살에도 햇살 따갑게 꽂히는 소리 있고,
구름은 떠가면서도 둥실둥실 소리를 낸다.
그대 다가오면 요란한 천둥소리 없겠느냐.
그대 떠난다고 세상이 그저 고요하겠느냐.

물결은 자지 않는다.
잠자리 날갯짓 하나에도 감동하여 흔들리고,
달빛 한 가닥에도 나뭇가지 끌려 춤을 춘다.
꽃이 피어도 나비날개가 먼저 출렁이고,
스쳐가는 향기에 놀란 숨이 발딱거린다.
그대 물가에 서기만 해도 물살은 떨고,
그대 돌아서면 달빛 밤새 소용돌이친다.

고요는 없다·2

고요를 뚫고 가만히 들어보면 소리 없는 고요는 없다.

고요 속에서는 천 년 전 호랑이 울음소리가 들려온다.
고요 속에서는 천 길 지심 악마의 울음소리도 살아온다.
고요 속에서는 온갖 별들이 살아 숨쉬는 탄성소리 가득하다.

고요 속에서는 엊저녁 아버지의 코 고는 소리 들려온다.
아궁이 앞 어머니의 눈물 찔끔거리는 소리도 들려온다.
꿈나라로 가고 있는 아이들의 콧노래소리도 들려온다.

고요를 뚫고 가만히 들어보면 소리 없는 고요는 없다.

아리송한 종이책

아직은 SNS로 한 방 쏘면 순식간에 수백 수천 명이드만,
까짓 종이책 수백 수천 권 열심히 찍어 깔아 무엇 하냐.
시대에 뒤떨어지게 종이책 찾는 사람은 막차 타령이야.
막차 타면 기껏 도착해 봐야 모든 일 끝난 후가 아닌가.
신경줄이 따로따로인가 아니면 토막토막인가 아리송하네.
책도 문자도 썩기 마련이고 정신도 당연히 썩기 마련이지.
다 썩어서 문드러지는 거야 어쩌면 사실 넌 지금 없는 거야.
그러니 분수도 모르는 놈이 책이라고 머라고 까불지 마.

고마운 마음들

—나의 얼굴

어떤 분은 얼굴이 검어 건강하겠다 하신 분도 있기는 했다.
어떤 분은 미소가 얄팍해 듬직하다 하신 분도 있기는 했다.
어떤 분은 어머니를 닮아 곱다 하신 분도 있기는 했다.
어떤 분은 눈썹이 짙어 형제 많겠다 하신 분도 있기는 했다.
어떤 분은 눈빛이 초롱하여 크겠다 하신 분도 있기는 했다.
어떤 분은 성질이 급하여 불같다 하신 분도 있기는 했다.
어떤 분은 괜시리 선한 얼굴이라 하신 분도 있기는 했다.
어떤 분은 조선 머슴 같은 놈이라 하신 분도 있기는 했다.
어떤 분은 곧 큰바위얼굴이 되리라 하신 분도 있기는 했다.

다들 듣기 좋으라 한 말씀 얹혀주신 고마운 마음일 뿐이다.
맨날 거울 보며 스스로 만족해야 살아남을 수 있으니,
이해도 용서도 해보고 잘났다 용기 내라 최면도 걸어본다.

이놈의 바다야

폭풍 요란하던 밤 신랑을 쓸어간 바다에 그녀가 다시 왔다.
소주 한 병 비운 그녀 출렁이는 바다로 덤벼들며 소리쳤다.

내 청춘 모조리 훔쳐간 이놈아 억울한 세월 버리러 왔다.

미친 이놈아, 나 이제 괜찮다 나 이렇게 잘 살고 있다아아.
내가 우리 아들을 얼마나 멋지게 키운 줄 아느냐아아아.

이십여 년 동안 네 놈 만날 생각만 하면서 버티고 살았다.
이 미친 바다야, 그러면 된 거지 니가 우릴 어떻게 해.

* 제1회 무성백일장 입상작 중 일부를 재구성함.

태양은 스스로를 태운다

사막을 죽자사자 걸어온 태양이 사막 끝에서 쓰러진다.
저 젖은 바람은 무엇일까 나도 만지면 느낄 수 있을까.

아니 저 푸른 도시는 신기루야 절대로 손에 잡히지 않아.

뜨거운 모래벌판 속에는 작열하는 태양만 홀로 누워있다.
태양은 너무 뜨거웠지만 실은 자신밖에 태울 것이 없다.

싸대기 맞는 달팽이

꽃잎에서 꽃잎으로 날던 이슬이 점점 구르는 모양새다.

급기야 커다란 물방울 되어 퍽, 하고 바닥으로 떨어진다.

꽃을 쓰다듬으며 엉금엉금 기어가던 그가 화들짝 놀란다.

황토길을 살금살금 기어가던 바람이 갑자기 돌풍이 된다.

쌩, 하고 그의 얼굴을 때린다 그가 다시 화들짝 놀란다.

벌들의 총알

허공에 대고 총을 쏜다 설마 내게 총알이 있을까.
사실은 총알을 준비하지 못했다 확실한 빈총이다.
총알 사러 나간다 그녀가 말했다 난 총알을 팔아.

날아가던 새가 맞기라도 하면 큰일이다 살생이야.
바야흐로 활짝 핀 꽃잎을 떨굴 수 있다 무자비해.
새들을 위해 꽃을 위해 그녀의 전화기가 꺼졌다.

다시 허공에 대고 총을 쏜다 숨겨둔 총알이 있었다.
마지막 총알이야 더이상의 총질은 할 수가 없어.
벌들은 한 방이 언제나 마지막이다 거룩 거룩하다.

아버지

어머니가 밤낮으로 아버지를 찾아오신다고 한다.
눈만 감으면 시도 때도 없이 찾아오신다고 한다.

시집올 때 입었던 색동저고리 입고 오신다고 한다.
용돈이 없는가 내가 주마 물어도 답이 없으시단다.

눈 뜨면 사라지는 어머니를 만나기 위해 아버지는
오지 않는 잠 주무시려고 밤이나낮이나 씨름하신다.

꽃을 기르려거든

꽃을 집에 들여놓으면 우선 햇빛을 주어야 한다.
시원스러운 바람도 잘 드나들게 해주어야 한다.

벌레들이 침입하지 않도록 꼼꼼하게 살펴야 한다.
모양 좋게 가지치기하는 일도 소홀해서는 안 된다.

들고날 때마다 꽃의 기색을 살펴야 한다.
어디 아픈 데는 없나 물을 줄도 알아야 한다.

밖에 나가서도 꽃의 안부가 궁금해야 한다.
바쁘다고 잠시 잊는 순간 꽃은 시들고 만다.

가끔은 손으로 쓰다듬을 줄도 알아야 한다.
허리 굽혀 달콤한 키스도 빼먹어서는 안된다.

그 꽃과 하룻밤 지내고 이틀밤 지내다보면
어느 사이 그대 역시 꽃이 되어 있을 것이다.

가을비 철철철

철 들라고 비가 철철철 왔지 철철철 젖으면 철 드는 거지.
철 없이 지낸 어제가 부럽지 철 든다고 해 뜨는 건 아니야.

철아 철아 소꿉동무 철아 철철철 젖으며 오는 가을이구나.

철 안 들었다고 삼백육십오 일 구박 받던 나를 기억할까.
일찌감치 철 들고도 하늘로 간 네가 철철철 비 되어 온다.

| 제4부 |

신神들은 돌아온다 · 1

—언젠가 신神들의 얼굴을 보았다

언젠가 공포스러운 신들의 얼굴을 본 사람들이 있었다.
존경스럽기도 했던 그 얼굴은 입에서 입으로 전해졌다.
노래로 불려지고 문장으로 새겨지고 상으로 만들어졌다.

오래동안 신들의 얼굴과 목소리는 항상 곁에 있었다.
인간의 얼굴과 인간의 목소리와 별로 다르지 않았다.
신들도 인간처럼 배불리 먹었고 인간처럼 배설하였다.

신들은 숨어서 은밀하게 호령만 하는 존재가 아니었다.
신들은 인간과 함께 자고 함께 일어나고 함께 일하였다.
인간의 짓이란 오로지 신들을 흉내 내는 것이 전부였다.

신神들은 돌아온다 · 2

—신神들은 인간을 노예로 부렸다

신화는 신들의 이야기이지만 신들은 하나의 신이 아니다.
신들도 남자와 여자가 있어서 사랑도 신들로부터 나왔다.
전능하진 않았으나 인간으로서는 어쩔 수 없는 존재였다.

신들은 스스로 노동하기 싫어서 인간들이 대신하길 원했다.
인간들은 강한 신들을 위해 짐승처럼 노동하고 굴복했다.
신들은 인간에게 약간의 지혜와 지성과 건강을 베풀었다.

그것은 신들의 삶을 위해 해야 하는 최소한의 능력이었다.
신들이 베풀어준 최소한의 능력으로 인간들은 살아갔다.
신들을 위해 음식을 만들고 신들을 위해 노래를 만들었다.

신神들은 돌아온다 · 3

—신神들은 인간을 잘 몰랐다

신들은 자신들을 위해 인간을 자신들과 닮도록 만들었다.
사는 것도 일하는 것도 입는 것도 먹는 것도 비슷해야 했다.
그래야 인간들의 노동과 인간들의 공물이 가치가 생겼다.

신들에게 따로 신을 탄생시킨 조물주가 있는지는 모른다.
태초에 인간들을 신들이 직접 만들었는지 알 수는 없다.
그러나 신들은 인간을 다스리고 부리기 위해 변화시켰다.

맨 처음에는 신들에게 복종하는 인간들이 대부분이었다.
그러나 차츰 신들에게 저항하는 돌연변이들이 생겨났다.
애초 신들을 닮았기 때문에 생길 수밖에 없는 일이었다.

신神들은 돌아온다 · 4

—신神들은 인간의 도전을 피했다

신의 시대에 신들도 저들끼리 끊임없이 다투고 싸웠다.
신의 시대에 나약한 인간들은 그저 신들에게 복종했고,
신의 시대에 죽어도 좋다는 인간은 용감하게 대들었다.

신들은 인간을 길들인 일을 후회했으나 때는 늦었다.
인간들은 대담하게 신의 방식으로 신들에게 도전했다.
인간들의 숫자는 신들보다 몇 만 배나 빨리 늘어났다.

신들은 대드는 인간들과 싸우자니 체면이 서지 않았다.
인간들은 위협적이진 않았으나 복종을 거부해서 문제였다.
신에게 인간들도 신들처럼 살고 싶다는 깃발이 내걸렸다.

신神들은 돌아온다 · 5

—신神들도 인간처럼 죽는다

신들의 생명도 유한하여 인간들처럼 언젠가는 죽었다.
그러나 신들의 생명은 인간과는 비할 수 없이 길었다.
인간이 수만 세대를 바꿔가도 신들은 같은 신이었다.

신의 생명은 거의 영원이어서 인간도 영원을 꿈꿨다.
신의 힘은 위대하여서 인간도 위대한 힘을 꿈꾸었다.
신들의 모험은 신이하여 인간도 신출귀몰이고자 했다.

인간은 혹시라도 신에게 기억되지 않기를 빌고 또 빈다.
신들의 이쁨을 받지 않기 위해 필사적인 노력을 기울인다.
아직 신들은 이승에 존재하지 않는다고 철석같이 믿는다.

신神들은 돌아온다 · 6

—신神들은 전쟁광이었다

신들은 인간이 아닌 오로지 자신을 위해 신들끼리 싸웠다.
인간은 전쟁이 없이도 잘 살았으나 어느날 전쟁을 배웠다.
싸워야만 황금이 내 것일 수 있다는 소중한 법을 배웠다.

신들은 승리를 위해 몸을 기르고 싸움의 기술을 익혔다.
신들의 전술전략은 기가 막혀서 인간은 그걸 지켜보았다.
신들도 싸우다가 다치기도 했고 피를 흘리며 죽기도 했다

신들은 승리하면 패배자들을 노획물 삼아 노예로 부렸다.
패배자들은 극한 노동을 착취당하며 복수의 칼을 갈았다.
신들은 대단한 성채를 세웠으며 인간들로서는 불가능했다.

신神들은 돌아온다 · 7

—신神들은 인간을 길들였다

황금은 신들의 생명이었고 절대적으로 추구하는 이념이었다.
신들이 사랑하는 황금을 인간들은 최대의 보물로 이해했다.
황금이 있는 한 신들의 사랑을 받아 평생 행복할 수 있었다.

인간은 풍요를 원하지 않았으나 신들로부터 욕망을 배웠다.
인간은 셈이 필요치 않았으나 신은 계산법을 가르쳐 주었다.
인간은 자신들의 가치보다 신들의 가치로 자신을 평가했다.

신들은 자신들의 여유와 풍요를 위해 인간들을 길들였다.
인간들은 신들에게 복종과 노동과 공물을 바쳐야 했다.
신들이 인간여성을 사랑하다가 신을 닮은 인간이 탄생했다.

신神들은 돌아온다 · 8

—신神들은 죽지 않았다

신들은 아직 죽지 않았다 신들은 아직 어딘가에 살아 있다.
신들이 죽기를 바라는 인간들은 신들의 공포를 알아서다.
신들이 살아있기 바라는 인간들도 신들의 힘이 신이해서다.

언젠가 돌아올 신을 맞이하기 위해 인간들은 신을 기억한다.
신들이 언제 돌아오더라도 그들을 알아보는 것은 영광이다.
돌아오는 신들에게 저항하는 것은 꿈도 꿀 수 없는 일이다.

신들은 언젠가는 돌아올 것이라는 숨은 음성을 남겼다.
신들의 숨은 음성은 사라지지 않고 인간들에게 심어졌다.
그것은 언젠가는 신들이 돌아올 것이라는 공포가 되었다.

신神들은 돌아온다 · 9

—신神들은 어딘가에 숨어있다

신들의 사랑을 받은 인간들은 신들의 전지전능함을 숭배한다.
신들의 저주를 받은 인간들은 그들이 돌아오지 않기를 빈다.
신들은 돌아온다 이곳에 그들의 심장을 숨겨놓았기 때문이다.

신들의 심장은 인간들의 땅 어딘가에서 쉬지 않고 박동한다.
인간들은 그 소리를 들으며 기뻐도 하고 무서워도 한다.
감추어진 신들의 심장을 감히 찾지 못하고 그저 듣고만 있다.

신들이 돌아오기 전에 신들처럼 영원히 살게 되길 원한다.
신들이 돌아오기 전에 신들처럼 강력해지기를 원한다.
신들이 돌아오기 전에 신의 모습으로 얼굴 바꾸길 원한다.

신神들은 돌아온다 · 10

—신神들은 변하지 않는다

어느날 갑자기 신들은 무리와 함께 자취를 감추었다.
땅속으로 숨었는지 바닷속으로 숨었는지 알 수가 없다.
인간들은 신들이 잠시 하늘로 올라간 것이라고 믿었다.

신들은 언제 돌아오더라도 떠날 때의 신 그대로이다.
신들의 생명은 영원이어서 하루이틀 나들이일 것이다.
인간들은 수백 수천 세대를 지내오면서 그렇게 믿었다.

차츰 인간들은 신들의 얼굴도 목소리도 아예 잊어버렸다.
신에 대한 두려움은 선조들의 세대에서 끝났다고 믿었다.
너무 오래되어 신들이 죽었다고 믿는 인간들도 있었다.

신神들은 돌아온다 · 11

—신神들은 인간들 속에 잠자고 있다

인간은 신들의 모든 것을 지켜보면서 모든 것을 배웠다.
신들은 인간들이 자신들을 흉내 낼 수 없다고 믿었다.
인간은 언제든 없애버릴 수 있는 미물에 지나지 않았다.

인간들의 긴 천년은 신들에게는 단 하루도 되지 못한다.
인간들이 수도 없이 먹고자고 먹고 자고 하는 동안에도
신들은 넉넉하게 백발을 기르며 장기를 두고 사냥을 한다.

신들을 잊지 말라 신들은 머지않아 반드시 돌아온다.
신들이 돌아오면 인간들은 다시 옛날로 돌아갈 것이다.
신들은 어디에 있는 것이 아니다 인간들 속에 잠자고 있다.

신神들은 돌아온다 · 12

—신神들은 죽어서도 인간을 통제한다

애초에 신들의 필요로 인간이 태어났다는 말이 있었다.
인간들의 필요에 의해 신들은 더욱 과장되고 부풀려졌다
신과 인간은 짜고 치는 고스톱판을 벌려놓고 사기를 쳤다.

얄미운 신들은 인간의 뒷통수에 몰래 숨어있기도 하였다.
거만한 신들은 인간의 정수리를 밟고 서서 춤추기도 했다.
교활한 신들은 인간의 혓바닥 밑에 터를 잡고 노래불렀다.

신들은 돌아올 때가 언제인지 가늠하고 있는 것이 아니다.
신들은 인간계에 돌아와서 인간을 통제하는지도 모른다.
돌아온다고 떠들고 있지만 이미 죽어버린 것일 수도 있다.

신神들은 돌아온다 · 13

—신神들은 인간들의 사랑 틈에 끼어있다

깊은 바다에 가 문자를 보냈네 혹시 여기 계지는 않는가.
첩첩 산중에 가 전화를 걸었네 혹시 여기에도 안 계신가.
달 보며 옥토끼에게 따졌네 설마 달나라에 숨기셨는가.

신들이 오기 전에 먼저 온 옥황상제는 벌써 치매에 드시고,
신들의 전령사인 염라대왕은 신들 기다리다 목이 빠지네.
한밤 우물에 가 두레박을 퍼 올리네 신들이 찰랑거리네.

사실 인간들이 죽지만 않는다면 까짓 신들이 별거겠느냐.
남녀가 있었겠느냐 사랑이 있었겠느냐 어림 없는 일이다.
그러니 신들은 인간들의 사랑 틈 어딘가에 분명 있으렷다.

신神들은 돌아온다 · 14

—신神들은 불구덩이에 산다

불구덩이에서 태어난 신들은 인간을 불구덩이로 안내한다.
불구덩이는 신들의 꿈같은 요람이고 때깔 좋은 집이다.
인간들은 신을 따라 신들의 나라 불구덩이로 갈 것이다.

신들은 돌아오지만 인간들은 신들로부터 달아날 것이다.
신들의 도피가 끝나고 나면 인간들의 도피가 시작이 된다.
신과 인간은 양극이라 신들이 돌아오더라도 인간은 없다.

만날 수 없는 신을 기다리며 인간들은 신의 노래를 부른다.
만날 수 없는 신이라서 인간들은 즐겁게 신의 노래 부른다.
올 때 오더라도 갈 때 가더라도 신들은 곧 돌아온단다.

신神들은 돌아온다 · 15

—인간들의 아리랑 쓰리랑

아리랑 아리랑 아라리가 박여서
쓰리랑 쓰리랑 쓰라리다 죽겠네.

신들은 어디에서 놀다가 온다는 것이냐,
내내 말도 없이 기척도 없이 숨어있더니.

아리랑 아리랑 쌍수를 들고 환영하려네.
쓰리랑 쓰리랑 코피 쏟으며 안아주려네.

신神들은 돌아온다 · 16

—신神들아 후회하그라

신들이 총을 들고 오고 있는가 오고는 있는가.
신들이 핵을 들고 소리치는가 치고는 있는가.
인간들이 다 죽으면 신들은 살아서 무엇하려나.

신들이 다 떠난 세상에서 인간들이 살아왔듯이
인간들이 모두 떠난 땅에서 신들아 살아보그라.
그림자 없는 빈 땅에 태양은 떠서 무엇하려나.

신들에게도 인간들은 정말 무서운 존재였다고,
아니면 최소한 소중하고 아름다운 존재였다고,
인간들 떠난 땅에서 불쌍한 신들아 후회하그라.

신神들은 돌아온다 · 17

—신神들이 돌아올 수는 있을까

신들이 제사상의 돼지머리가 된 적도 있기는 하였다.
도시의 빈자리마다 거대한 얼굴로 서 있기도 하였다.
언젠가는 반드시 돌아온다는 신호였으며 믿음이었다.

인간들 속으로 들어가 버린 신의 속사정도 있겠지만,
이미 들어가 버린 후에 어찌 나오냐는 것이 문제이다.
인간들 가슴속으로 들어갔을까 머릿속으로 들어갔을까.

돌아온다는 공포스러운 선언은 인간에게는 죽음이었다.
신들이 돌아와서 인간들에게 무슨 도움을 주겠느냐만,
신들은 돌아와 인간을 다스리는 영화를 누릴 수 있을까.

신神들은 돌아온다 · 18

—신神들은 친구일 뿐이다.

신들이 돌아온들 영악해진 인간들을 다스릴 수는 없다.
떠날 때 신들의 얼굴로 다시 돌아온들 무슨 소용이랴.
인간들의 호주머니 속에서 노는 공기돌 같은 신세리라.

예전 신들이 돌아와 새로운 신으로 태어나는 것은 아니다.
인간들은 신들을 이해하여 전혀 무서운 존재가 아니다.
인간들은 이제 변하지 않은 신들을 주물럭거릴 줄을 안다.

신들은 이제 쓸모 있는 노리개이다 즐거운 장난감이다.
신들은 사랑을 위해 간절히 노래를 불러주는 존재이고,
인간들이 떠나는 날 동행해주는 따뜻한 친구일 뿐이다.

|해설|

시대의 후위

—장종권의 시세계

박동억 | 문학평론가

1. 혀끝의 보존

언어의 죽음은 한 삶의 방식이 죽는 것과 같다. 이것은 호주의 언어학자인 니컬라스 에반스Nicholas Evans(1950~2022)가 저서 『아무도 모르는 사이에 죽다』(원제 *Dying Words*)에서 주장한 핵심이었다. 2009년 간행한 이 저서에서 에반스는 10년 안에 전 세계에 존재하는 6,000여 개의 언어 중에서 절반이 사라질 것이라고 경고했다. 하나의 문화가 사라진다는 것은 수천 년에 걸쳐서 쌓아온 고유한 문화가 사라진다는 의미이기도 했다. 에반스가 경계했던 것은 강대국에 의해 소수 민족이 흡수되면서 인류가 지닌 언어 다양성이 훼손되는 상황이었다.

경계해야 할 것은 언어의 제국주의만은 아닐 것이다. 한 공동체 안에서도 언어는 위계화한다. 지리적으로도 서울말은 지역어에 비해 공적인 우위에 놓인다. 시대적으로도 범람하는 디지털 문화 속에서 구술전통의 흔적을 찾기는 차츰 어려워지고 있다. 더욱이 예술에서도 '새로운' 미적 언어에 대한 추구는 이전의 '낡은' 형식에 대한 기피를 강박적으로 초래한다. 이처럼 어떠한 이유에서건 하나의 국가나 하나의 분야 안에서도 언어의 다양성은 억압되는 경향을 보인다.

이때 장종권 시인의 시는 우리 시대의 현대적인 언어에 대해 미적으로 응전하는 예외적인 사례라고 할 수 있다. 그의 시는 구어적이고 설화적이며 전설적이다. 다시 말해 그의 시는 자기 존재에 대한 구어적 성찰과 사회에 대한 설화적 탐구와 시대에 대한 전설적 역행을 의식하고 있다. 이를테면 이러한 특징은 최근의 시집 『함석지붕집 똥개』(리토피아, 2022)에서도 두드러진다. '풍자시집'이라는 별칭이 붙은 이 시집에는 시인이 SNS에서 올렸던 글과 직접 촬영한 사진이 수록되어 있다. 공개된 글이라는 특징 그대로 시집의 작품들은 우리 시대의 익숙한 미적 형식을 취한다기보다 익살스러운 우화나 농담의 형식으로 회귀하는 것에 가깝다.

이전 시집 『함석지붕집 똥개』에서 근본적으로 풍자의 대상은 우리 시대이다. 이를테면 시인은 "옳고 그름 때문이 아니라 오로지 자신을 위해 싸우는 것"(「같이 사는 것은 물 건너

갔다」)에 불과한 동시대인의 타락한 윤리에 대해서 비판한다. 또한 "악惡을 쳐내면 곧바로 선善인 줄 알았던 또 다른 악惡이 그 자리를 차지하곤 했던 것이 역사의 흐름이었습니다"(「악惡을 쳐내면 다른 악惡이 온다」)라고 이 시대를 진단하기도 한다. 선은 상대화되었고 위선만이 개인의 도덕률이 되었다. 이러한 비판 이면에는 공동체를 하나로 묶어주는 이전 시대에는 존재했던 보편적 선에 대한 향수가 암시되는 것처럼 보인다. 그리하여 그는 시대의 후위가 되기를 택한다. "세상을 믿으면 뒤로 걸어도 괜찮습니다"(「뒤로 걸어도 됩니다」)라는 목소리는 바로 시대를 역행함으로써 대안적 현실을 발견할 수 있다는 믿음에서 비롯한다.

새 시집 『찰방찰방 똥바다 건너』에서 읽어낼 수 있는 구어투의 형식은 그러한 믿음과 무관하지 않다. 이젠 디지털화된 산문시가 일반이 되어버린 동시대적 흐름을 거슬러 이 시집은 운율감을 살린 입말로 이루어져 있다. 전반적인 시편의 언어가 일정한 정형률의 형식을 보일 뿐더러, 의성어와 의태어를 적극적으로 활용하며 "서릿발이 서리서리한 가을의 끝이다"(「가을의 끝」)라는 표현처럼 말의 놀이적 감각을 극대화한다. 물론 동요를 연상케 하는 이러한 어투 속에는 「문명은 똥찌꺼기」라는 시의 제목처럼 문명에 대한 비판의식이 깃들어 있다. 그의 시는 의도된 역행이고 퇴행인 것이다.

장종권 시인의 시는 언어의 소수성을 보존하기 위한 하나의 실례로 간주할 수 있다. 유네스코는 2019년을 토착 언어의 해로 지정했으며, 보고서 *2019: the International Year of Indigenous Languages*에서 소수민족어의 보존 사례들을 소개했다. 같은 해 한국에서는 〈말모이〉라는 제목의 영화가 개봉했다. 이 영화는 우리말 사용이 금지된 일제강점기 말기에 학자들이 '조선어 큰사전'을 간행하다가 체포되었던 조선어 학회 사건을 소재로 삼는다. 이러한 보고서와 영화가 공유하는 전제는 강대국의 논리에 따라 약소민족의 언어가 말살될 수 있다는 사실이다. 이와 마찬가지로 장종권 시인의 시는 디지털세계의 문명어를 하나의 자연이나 다름없는 것으로 간주하는 현대시의 흐름에 맞선다. 그는 의도적으로 현대로부터 퇴행하고, 결연히 과거를 향수한다.

2. 이야기를 풀어내듯

장종권 시인의 시는 구전되는 이야기처럼 건네진다. 구태여 해설을 덧붙이지 않더라도 이 시집을 감상하는 데는 어려움이 없을 것이다. 시 언어의 운율감을 살려서 따라 읽어보기도 하고, 작품 안에 그려낸 전원 풍경을 상상하며 읽는 것만으로 충분하다. 작품의 상징성 또한 문명과 전원이라는 이항대립적 틀 안에서 쉽게 이해된다. "똥도 안 누는 도시를 떠나 똥도 못누는 사람들을 떠나,/똥배를 타고 통통통 똥똥똥 똥섬 찾아 똥 누러 간다."(「똥섬 여행」)라는 유머러스한 시구에서 '똥도 안 누는 도시'와 '똥섬'의 대비 또한 그러한 틀에서 이해할 수 있다. '똥도 안 누는 도시'라는 당연한 표현은 도시가 비생명적 공간임을 부각한다. 한편 '똥섬'은 시인이 대안적으로 찾아 헤매는 생명의 공간이면서도, 이상화된 자연이라기보다 다소 친근하고 편안하게 상상할 수 있도록 격하되어 있는 자연임을 알 수 있다.

주목해야 할 것은 그의 시가 전근대성을 이미지로써 재현하는 것이 아니라 구술성으로써 재현한다는 사실이다. 레이먼드 윌리엄스가 『시골과 도시』에서 분석했듯 근대화의 과정은 '문명화'의 과정일 뿐만 아니라 문명의 반대항으로써 '전원(시골)'을 만들어 내는 과정이기도 했다. 화가와 시인들은 문명을 비판하기 위해서 이상화된 전원 풍경을 그려냈다. 그림 속의 풍경화 된 자연은 실제 자연이라기보다 문명과 별개로 놓여 있으며 사람의 손에 때 묻지 않은 아름다움과 숭고함의 표상이다.

이와는 조금 다르게 장종권 시인의 시에서 자연은 '노래된다.' 그의 시는 사람의 입에서 입으로 전래할 수 있는 이야기처럼 들려온다. 함께 모여앉아 이야기를 나누듯 그가 노래하는 자연은 우리의 곁에 놓인다. 예컨대 "개가 닭의 뒤를 쫓아다닌다 개는 닭을 뒤쫓는 게 재미있다"(「지붕에 올라간 닭」)처럼 시골 마당에서 만날 수 있는 풍경을 우리는 확인한다. 심지어 "어랍쇼, 개는 이제 나 혼자네 동네 닭들 다 몰고 다닌다"(「꽁지 사린 개 꽁지 들 날 있다」)처럼 동물의 입장에서 말하기도 한다. 만약 그의 시가 전근대성을 '만들어 낸다면', 시 작품의 소재보다 이처럼 동요 같기도 하고 전래동화 같기도 한 형식 자체 속에서 만들어지는 것이다. 바로 이것이 그가 지향하는 윤리적 태도를 드러낸다.

> 만년 소가 쟁기질한 논두렁에는 하얀 뱀들이 누워있다.
> 만년 동굴 속에는 아직도 만년 소의 썩은 소리들이 있고,
> 헛것이 덮은 세상의 헛된 욕망들이 헛된 허물을 벗는다.
>
> 썩은 소리 썩을 소리 홀라당 벗고 썩은 냄새로 우주를 연다.
> 어차피 알 수 없는 썩은 우주는 썩기 전에 묻어버리자.
> 썩은 만년 소가 썩은 냄새 풍기는 썩은 세상도 묻어버리자.
>
> —「벽화 속에서 걸어나온 썩은 소」 부분

작품의 제목이 가리키듯, 우리는 마치 로스코 벽화에서 걸어나오는 한 마리의 소를 상상하게 된다. 이 작품에서도 문명과 자연의 이항대립은 계속된다. 자연의 상징으로는 만년 동안 동굴에서 썩어가는 "만년 소"가 놓이고, 문명의 알레고리로는 "세상의 헛된 욕망들"이 놓인다. "만년 소"가 "쟁기질한 논두렁"이라는 표현처럼 그것은 강한 원초적 생명력을 지닌 존재로 암시된다. 그 논두렁에 드러누운 "하얀 뱀들" 또한 생명의 역동성을 상상하게 한다. 시인은 그러한 생명력

이 "썩은 소리들"과 "썩은 냄새"로 우리에게 전해지고, 더 나아가 세상을 압도해 버리기를 소망한다.

두드러지는 것은 자연을 청각적 심상이나 후각적 심상으로 표현하려는 상상력이다. 그것은 자연을 우리의 곁으로 이끌어 오려는 의식을 뜻한다. 어떠한 소리나 냄새가 세상을 '묻어버리기를' 꿈꿀 때, 그것은 다시 말해 자연을 관조의 대상이 아닌 피부접촉의 대상으로 바꾸고자 하는 것과 같다. 이처럼 장종권 시인의 시에서 청각과 후각의 심상이 두드러진다는 사실은 자연을 곧 '눈으로 보는' 대상이 아니라 내밀한 관계의 대상으로 이해한다는 사실을 보여준다. 요컨대 사람에게 필요한 것은 만 년, 혹은 그보다 더 오랜 시간동안 존속해 온 자연을 향해 다가서는 일이다. 벽화 속의 소가 '걸어 나온다고' 쓸 때, 시인은 그러한 소를 향해 '허물을 벗으며' 다가서는 인간을 상상한다. 바로 자연과 인간의 내밀하고 깨끗한 포옹이야말로 이 시가 그리는 순간인 셈이다.

3. 우스꽝스러운 추醜

「벽화 속에서 걸어나온 썩은 소」를 온전히 이해하려면 형식적 특징에 대한 두 가지 해설을 덧붙여야 한다. 우선 이 작품은 청유의 형태를 취한다. "썩은 만년 소가 썩은 냄새 풍기는 썩은 세상도 묻어버리자"라고 제안하고 있다. 그 목소리는 자연을 향하는 것 같기도 하고, 우리 모두를 향한 것

같기도 하다. 그것은 나란히 같은 목표를 향해 나아가는 공통의 지향점을 마련하는 것이 이 시가 담보하는 윤리임을 암시하기도 한다.

한편 다른 작품들에서 '똥'과 같은 배설물이 등장한 것과 마찬가지로 이 작품에서는 '부패하는' 소의 이미지를 환기한다. 배설물이나 부패물에 대한 주목은 일상적으로 그것을 추방하려고 하는 문명세계에 대한 저항의식의 반영으로 읽힌다. 문명의 위생 시스템은 배설물은 우리의 일상 바깥으로 추방하려 하지만, 시골에서 배설물은 손쉽게 실감할 수 있는 것이다. 시인은 바로 그 배설물에 대한 감각을 상기하도록 독자를 이끈다. 한편 "똥개들이 사랑스러웠던 삼천리 금수강산도 있었다"(「똥개·1」)라는 시구처럼 시인에게 '똥'은 문명화 이전의 시골을 향수하게 하는 직접적 계기이기도 하다.

그런데도 미리 지적해 두어야 할 것은 그의 시가 정말로 추醜를 소재로 삼는다는 인상을 남기지 않는다는 점이다. 이를테면 「벽화 속에서 걸어나온 썩은 소」에서 "만년 소"는 만년동안 부패한 소를 뜻하는 동시에 만 년 동안 정화되어 '뼈'만 남은 소의 이미지로도 연상할 수 있다. 무엇보다 그의 시에서 배설물과 부패물은 추한 물질이라기보다 해학적인 물질이다. '똥'이라는 단어를 통해 운율감을 살리거나 문명에 대한 풍자의 매개로 삼는다는 사실은 이를 잘 보여준다. 이 점에서 그의 시는 추醜를 그 자체로 작품에 활용했던 초현실

주의 예술의 형식보다는 추미醜美를 웃음으로 승화시키는 키치예술의 형식 혹은 민담의 형식에 가까워 보인다.

강아지들의 나라가 있다면 그 나라는 차암 좋겠다.
맘대로 떠들고 맘대로 짖어대고 맘대로 꼬리 치고,
좋으면 끼리끼리 해 먹고 싫으면 죽어라 물어뜯고,

강아지들의 나라가 있다면 그 나라는 차암 쉽겠다.
아무리 더러워도 이쁜 짓만 하면 배를 곯지 않겠지.
똥오줌만 가릴 줄 알면 침대에도 올라갈 수 있겠지.

—「똥개·5」 전문

이러한 맥락에서 그의 시에서 주된 성격은 풍자이다. 위 작품 또한 술어 그대로 "강아지들의 나라"를 예찬하는 내용으로 읽기보다 '인간들의 나라'를 풍자하기 위한 반어적 진술이라고 읽는 것이 타당해 보인다. 실상 세상에 존재할 리 없을 "강아지들의 나라"라는 표현, 그리고 '맘대로' 행동하고 "이쁜 짓"을 하여 주인에게 아첨하는 강아지의 삶을 시인이 긍정하는 것처럼 보이지는 않는다. 도리어 그것은 그러한 짐승보다도 못한 '인간의 나라'를 상기하게 만든다. 어쩌면 시인은 위선뿐인 인간 사회보다는 서로 물어뜯는 짐승의 솔직함이 낫다는 식의 표현을 하는 것이 아닐까.

프랑스의 학자 조르주 바타유는 사물과 인간, 혹은 동물과 사물 사이의 위계를 역전시킴으로써 문명 비판의 효과를 끌어내는 예술을 예찬했다. 그는 그러한 예술적 지향을 '저급 유물론base materialism'이라고 부른다. 마찬가지로 여섯 편의 「똥개」 연작은 강아지와 사람의 위계를 역전하는 진술들을 내포한다. 이 때문에 비록 「똥개·5」에 인간에 대한 서술이 나타나지 않는다고 해도 우리는 이 작품을 인간 사회에 대한 풍자로 읽을 수 있을 것이다. 동물들을 향해 "차암 좋겠다" 혹은 "차암 쉽겠다"라는 시인의 진술은 일상적으로 반려동물을 향해 팔자 좋겠다고 말하는 목소리와 크게 다르지 않다. 그리고 그러한 반어적 목소리에서 우리는 그렇게 단순명료하게 정리할 수 없는 우리의 삶을 떠올리게 되는 것이다.

4. 사회적 조화의 관념

"강아지들의 나라"(「똥개·5」), "대단히 성숙한 사회"(「똥개·6」) 등과 같은 표현에서 드러나듯 장종권 시인은 줄곧 동물을 의인화하고 있다. 그런데 사회생태학자 머레이 북친이 지적한 바 있듯 사실 자연에 대한 사람의 관념 대부분은 인간 사회에 대한 유비일 뿐이다. 이 때문에 우리가 작품을 정밀하게 분석하려면 한 시인이 어떠한 관념들을 동물에 유비하고 있으며, 그것을 어떠한 태도로 다루고 있는지 확인해야 한다. 이때 장종권 시인이 국가나 사회에 대한 관념에 초점을 맞추고 있다는 사실은 그가 줄곧 의식하고 있는 대상이 공동체임을 암시한다.

마찬가지로 「호토전」 연작 또한 인간 사회에 대한 우화로 읽힌다. 실은 '호토전'이라는 제목은 대한민국의 영토 모양을 어떤 이는 호랑이라고 표현하고 어떤 이는 토끼로 표현하듯 사람마다 관점이 다르다는 사실을 떠올리게 한다. 이처럼 「호토전」 연작에는 사회에 대한 인식론적 전환의 문제가 자주 제기된다. "토끼들의 리더는 신이 토끼와 같은 종족이라 믿었다./호랑이들의 리더도 신이 호랑이와 같은 종족이라 믿었다./신들은 어리숙해서 토끼와 호랑이를 구분하지 못했다."(「호토전·19」)라는 하나의 우화는 결국 자기 자신만을 특권화하는 독선獨善에 대한 풍자의식을 드러내고 있다. 반대로 "호랑이나라에서는 제 땅을 토끼 모양으로 그렸다./토끼나라에서는 제 땅을 호랑이 모양으로 그렸다./꿈을 꾸는 대로 되는 놈이 있고 안되는 놈도 있다."(「호토전·21」)라는 진술처럼 '상대의 형상으로' 세상을 상상해 보는 자세를 언급하기도 한다.

중요한 것은 그러한 사실을 다루는 시인의 태도이다. 여기서 시인은 변증적 위치에서 상호대립적인 관점들을 종합하는 태도를 취하고 있다. '토끼'와 '호랑이'라는 두 동물의 우화는 곧 상호갈등 하는 국가나 정당이나 민족이나 젠더로 확장하여 읽을 수도 있다. 중요한 것은 시의 언술들이 대립하는 두 집단을 변증하는 위치에서 발화된다는 것이다. 시인은 공평하게 서술한다. 이를테면 토끼에 대해 한 문장을 서술하면 호랑이에게도 한 문장을 서술하는 셈이다. 이러한 형식은 상이한 두 입장의 어느 쪽도 편을 들지 않는 방식이기도 하고, 두 입장 사이의 갈등을 완화하는 방식이기도 하다. 이는 시인의 의식이 사회적 조화를 지향한다는 사실을 암시한다.

> 누구 등잔불 밝혀주기를 고대하고 있다.
> 스위치만 누르면 대낮같이 밝은 동네다.
> 불 꺼진 두엇만 성냥 든 사람 기다린다.
>
> —「성냥 기다리는 이」 부분

> 머무는 세계 달라도 산 자는 죽은 자에게 끌려다닌다.
> 그날부터 산 자와 죽은 자는 영원히 한솥밥을 먹게 된다.
>
> 만월당에 가면 얼굴 없는 그 남자 풍경소리 더욱 맑아진다.
> 세상 모든 남자와 여자들은 함부로 떨어질 수 없는 사이다.
>
> —「만월당 남자」 부분

사회적 조화라는 관념과 맞물려 음미해 볼 것은 시인이 그리는 희망의 상징물이 '환한 불빛'이라는 사실이다. 「성냥 기다리는 이」에서 우리는 '등잔불'만을 소유한 채 그것을 밝힐 '성냥'을 지니지 않은 사람들을 발견한다. 이때 "스위치만 누르면 대낮같이 밝은 동네다"라는 진술은 시인의 사회적 지향을 잘 드러낸다. 성냥으로 등잔불을 밝혔을 때, 그 불빛이 한 사람의 몫으로 그치는 것이 아니라 '동네' 전체로 퍼져나가는 정경을 상상하고 있기 때문이다.

「만월당 남자」는 좀 더 명료하게 사회적 조화의 관념을 진술하고 있는 작품이다. '산 자'와 '죽은 자'가 "영원히 한솥밥을" 먹는다는 것은 삶과 죽음의 경계를 넘어서 사람은 '함께여야 한다'라는 선언과 같다. 더욱더 직접적으로 시인은 "세상 모든 남자와 여자들은 함부로 떨어질 수 없는 사이다"라고 단언하고 있다. 어떤 의미로 이러한 선언은 곧 요구로 읽힌다. 부단히 갈등하고 반목하는 이 세상에 대하여 시인은 모든 존재가 '화해하는' 순간을 요구하고 있는 셈이다.

5. 증언의 위치

작품 전반의 정형률과 사회적 조화의 관념은 맞물린다. 장종권 시인의 시를 이루는 정형적 율격은 사실 공평하게 여러 입장을 심려하려는 태도와 무관하지 않다. 그러나 우리는 이러한 '사회적 조화의 관념'이 지닌 한계에 대해서도 말해보아야 할 것이다. 왜냐하면 그러한 조화는 자칫 실상을 무시한 당위에 그칠 수 있기 때문이다. 또한 갈등하고 대립하는 사람의 곁에 머무는 것이 아니라 그들을 멀리서 바라볼 때 제안 가능한 것일 수도 있다. 이와 맞물려 장종권 시인의 시를 이루는 우화의 형식은 삶을 멀리서 관조하려는 태도와 무관하지 않다. 우화는 한 사람에 대한 표현이라기보다 인격의 어떤 부분이나 특정 계급에 대한 알레고리일 수밖에 없다. 이 점에서 우화의 형식은 인간에 대한 추상적이고 관념적인 표현인 경우가 대부분이다.

그런데 우리는 「얼굴 고왔네—故 이원우 兄께」라는 작품에서 정형률이 깨어지는 것을 발견한다. 여기서는 다른 작품과 달리 각 연과 행의 길이가 조금씩 차이가 있을뿐더러, 시인은 "참으로 고왔다"라는 한마디를 별도의 연으로 덧붙이고 있다. 왜 이러한 파격은 발생했을까. 우리는 이 시의 부제로부터 한 사람을 직접적으로 추모하는 작품이라는 것도 확인할 수 있다. 또한 앞서 분석한 우화적이거나 관념적인 작품들이 삶을 조망하는 것과 달리 「얼굴 고왔네」는 하나의 아픈 상실에 기초해 있다는 것 또한 확인하게 된다.

이처럼 파격을 만들어 내는 것은 삶의 구체성이다. 그렇게 한 사람을 떠올릴 때 마음은 정형률을 취할 수 없는 것일지도 모른다. 왜냐하면 하나의 사람은 고유한 존재이기 때문이다. 추모시의 운율은 오롯이 그를 위해 헌사되어야 하는 것이기 때문에 고유한 것이 된다. 추모하는 자에게도 이유가 있을 것이다. 아픈 상실을 담담한 리듬으로 빚어내는 가쁜 고통을 견딜 수 없었기에 파격은 생겨나는 것일지도 모른다. 혹은 "참으로 고왔다"라고 하는 한마디의 위로를, 상대방을 향한 것인지 자신을 향한 것이지 구분할 수 없는, 진실한 목소리를 덧붙이기 위해서 파격은 필요하다. 따라서 이러한 파격은 한 사람을 향한 한 사람의 지극함을 표현한다.

물론 장종권 시인의 시집에서 이러한 파격은 예외적이다. 따라서 장종권 시인의 시 전반에 대칭적이거나 조화로운 정형률이 가능한 것은 그의 시가 한 사람씩 대면하며 증언하는 위치에서 선다기보다 사람들을 아울러 조망한다는 사실을 뜻한다. 여기서 우리가 추론해야 할 것은 시인의 위치이다. 시인은 사실 화해나 조화에 대하여 이야기할 때 그것은 어디에서 우리를 바라보며 발화된 것인가. 그는 우리의 곁에서 그러한 말을 건네는 것인가, 아니면 우리와는 동떨어진 장소에서 그러한 말을 건네는 것인가.

> 드디어 발 없는 소리들이 배를 산으로 끌기 시작한다.
> 배가 정상에 오르는 순간 비는 삼백예순날 쏟아질 것이다.
>
> 배에 오른 사람들만 살아남을 것이다 나머지는 죽는다.
> 물속에 잠기며 두 손 모아 축하드린다 잘먹고 잘살아라.
>
> —「방주여」 전문

「방주여」에서 주목할 것은 세상에 대하여 시적 화자가 놓이는 위치이다. 그는 사람들을 향해 작별 인사를 건네는 위치에 놓인다. 그것은 심지어 죽음을 각오하는 자세이기도 하다. 그런데 우리는 그러한 작별이 어떠한 사람들과 단절하기 위한 방편인지 섬세하게 식별할 필요가 있다. 이 작품은 세상이 홍수로 인해 멸망하는 상황을 그려낸다. 이러한 묵시론적 사건 속에서 시인은 방주에 올라서 '살아남으려는' 사람의 편이 아니라 "물속에 잠기며" 죽어가는 사람의 편에 서고자 한다. 이 상징적 죽음의 표현은 세상이 파괴되어도 제 몸을 간수하는 데 급급한, 그렇게 자기 생존에 급급한 인간들에 대한 철저한 비판의식 혹은 단절의식을 드러낸다.

실은 이것이 장종권 시인의 시에서 반복하는 관점을 암시한다. 그의 시는 세상과 거리를 두는 위치에서 서술되는데, 그러한 서술의 위치를 형성하는 근본적인 동기는 바로 세상에 대한 묵시론적 인식에 기인하는 것으로 판단된다. 「신神들은 돌아온다」 연작에서도 이를 확인할 수 있다. 이 연작의 제목은 실상 이 세계가 '신'이 떠난 세계라는 것, 그리고 "신과 인간은 양극이라 신들이 돌아오더라도 인간은 없다"(「신神들은 돌아온다·14」)라는 인식에 기초한다. 이처럼 시인은 세상의 종말을 바라보는 위치에서 증언한다. 사람은 끝없이 반복할 것이고 무엇이 옳은 삶인지 찾아 헤매다가 이미 세상은 끝장날 것이다.

다시금 이 시집을 되짚어 보자. 장종권 시인의 시에는 근본적으로 인간에 의해 인간의 세상이 멸망할 것이라는 묵시론적 인식이 놓인다. 이 묵시론적 예언은 어떤 논증에 기초한다기보다 그의 시에서 줄곧 비판의 대상이었던 탐욕과 독선을 향해 내려져야 할 징벌의 표현처럼 보인다. 시인은 그러한 타락한 세상과 멀어지고자 한다. 그의 시를 이루는 우화적 형식은 세상과 거리를 두는 방식이라고 할 수 있다. 바로 그 조망하는 위치에서 정형률은 세상을 다시금 변증하고 종합하는 배치를 가능케 한다. 웃음을 동반한 추미醜美의 활용은 이 세상에 대한 화해와 조화의 윤리를 부드럽게 제안하는 방식이라고 볼 수 있다. 따라서 근본적으로 그의 시는 묵시론적 인식을 차츰 다정한 화해의 자세로 옮겨 간다.

세상이 끝장날 것이라는 예언과 세상의 모든 존재가 조화를 이루어야 한다는, 이 이중의 목소리가 그의 시에서 풍부한 의미를 만들어 내는 원천이 된다. 이를테면 "태양은 너무 뜨거웠지만 실은 자신밖에 태울 것이 없다."(「태양은 스스로를 태운다」)라는 결연한 문장을 떠올려 보자. 이 문장에서 처음 우리가 읽게 되는 것은 자신을 불사르는 각오와 오직 자기 존재밖에 소유하지 못한 자의 공허감이다. 그러나 근본적으로 시인이 희구하는 것이 생명의 조화임을 유념한다면, 우리는 태양으로부터 시인이 희구하는 것이 모든 이를 향해 뻗어 가는 환한 햇빛이나 다정한 햇볕이라는 사실 또한 떠올리게 된다.